정은정 글

농촌과 농민의 삶에 관해 고민하는 농촌사회학을 공부하고 신문과 여러 매체에 글을 쓰고 있습니다.
쓴 책으로《그렇게 치킨이 된다》,《밥은 먹고 다니냐는 말》,《대한민국 치킨전》,
《아스팔트 위에 씨앗을 뿌리다》 등이 있습니다.

1977년 충주에서 태어나, '망우리 떡볶이 골목'이 있는 서울 중랑구 망우동에서 자랐습니다.
학창 시절 친구들과 함께 다니던 떡볶이집을 지금도 종종 드나듭니다.
그래서 어릴 때 먹었던 밀떡볶이를 아직도 좋아합니다.

윤정미 그림

논픽션 그림책《꼬마늑대가 처음 안경을 맞춘 날》로 2024 대한민국 그림책상 대상을 받았으며,
《도시 가나다》는 2023 볼로냐 라가치상 '어메이징 북셸프'에 선정되기도 했습니다.
그 밖에도《집 장만이 만만치 않아》,《소나기가 내렸어》,《어느 멋진 날》을 직접 쓰고 그렸으며
《할머니와 걷는 길》 등 여러 그림책과 어린이책에 그림을 그렸습니다.

저희 집 냉동실에는 늘 어묵과 떡볶이떡이 한가득 있습니다.
오늘 점심으로는 떡볶이를 먹고, 즐겁게 그림을 그려 볼 생각입니다.

맛있는 상상 시리즈 03

떡볶이는 언제나 옳다

초판 인쇄 2025년 2월 11일 | **초판 발행** 2025년 2월 25일
글 정은정 | 그림 윤정미
펴낸이 양정수 | **편집** 최현경, 윤수지 | **디자인** 추진우 | **마케팅** 양준혁, 변수현
외주편집 스튜디오플롯 | **외주디자인** 꽁디자인
펴낸곳 노란상상 | **등록** 2010년 1월 8일 (제2010-000027호)
주소 서울시 영등포구 양평로 157, 1703호
전화 02-797-5713(영업부), 02-2654-5713(편집부)
팩스 02-797-5714 | **전자우편** yyjune3@noransangsang.com
ISBN 979-11-93074-67-1 73380
© 정은정, 윤정미 2025

떡볶이는 언제나 옳다

정은정 글 | 윤정미 그림

노란상상

학교가 끝나자, 배고픈 아이들이 떡볶기집에 몰려왔어요.

아이들은 허겁지겁 떡볶이를 집어 먹어요.

한 아이는 순대 한 개를 시켰어요.

순복 씨는 순대를 한 뼘만큼 툭 잘라서

소금을 살짝 뿌려 종이에 돌돌 말아 주어요.

순복 씨가 아이들에게 어묵 국물을 떠 주며 말했어요.

"뜨거우니까 후후 불어서 마시렴."

✎ 떡볶기: 1980년대 이전에는 '떡볶이'를 흔히 이렇게 표기했답니다.

떡볶이를 다 먹은 어린 손님들은 이제 셈을 치러요.

"아주머니, 저는 떡 열 개 먹었어요. 여기 100원이요!"

"저는 떡 다섯 개요. 50원 맞죠?"

"그래, 고맙다. 또 오너라."

옆에서 은숙이가 순복 씨를 콕 찔렀어요.

"엄마! 쟤는 열두 개, 쟤는 일곱 개 먹었단 말이야!"

"그 정도는 괜찮아."

순복 씨는 어린 손님들이 조금씩 더 먹어도 눈감아 주었어요.

'떡볶기'의 시절

사람들이 자주 틀리는 맞춤법 중 하나가 바로 '떡볶이'와 '떡볶기'예요. 오늘날 표준어로는 '떡볶이'가 맞지만, 예전에는 '떡볶기'라고 쓰곤 했거든요. 1988년 한글 맞춤법 개정안이 나오기 전까지는 신문에서도 '떡볶기'라고 표기했지요.

1980년대까지는 떡볶이를 낱개로 팔기도 했어요. 놀랍게도 개당 10원 정도에 팔았던 때가 있었답니다. 원하는 만큼 집어 먹고 계산하는 식이었어요. 낱개 떡볶이는 컵떡볶이의 원조라고도 할 수 있지요.

떡볶이를 접시에 담아 먹는 '골고루떡볶이' 메뉴도 있었어요. 떡볶이떡 열 개 남짓과 삶은 달걀 한 개, 튀김만두 한 개, 어묵 한 개를 200원 정도에 팔았어요. 하지만 용돈이 부족했던 어린이들은 낱개 떡볶이를 사 먹었지요. 1982년, 물가가 가장 비싼 서울에서 짜장면 한 그릇이 500원 정도였으니, 당시 떡볶이가 얼마나 저렴했는지 짐작해 볼 수 있겠지요?

떡볶이의 짝꿍, 어묵

떡볶이의 가장 친한 친구는 어묵이에요. 어묵은 떡볶이를 만들 때도 함께 넣지만, 꼬치로 따로 팔기도 하지요. 우리나라는 식사할 때 국물 음식을 함께 먹는 고유의 음식 문화가 있어요. 떡볶이집에서 어묵 국물을 무료로 내주는 것은 이런 음식 문화에서 나온 것이기도 하고, 주인들의 넉넉한 인심이기도 해요.

떡볶이 양념이 졸아붙을 때, 어묵 국물을 부으면 간도 잘 맞고 굳은 떡볶이가 말랑말랑해져요. 어묵에서 우러난 감칠맛이 더해져 떡볶이가 더 맛있어지고요.

왜 떡볶이일까?

볶음 요리는 식재료를 기름에 볶은 요리를 말해요. 그런데 왜 떡볶이는 기름에 볶지 않는데도 '떡볶이'라고 할까요?

조선 말기에는 실제로 떡과 다양한 채소를 함께 볶아 먹는 요리가 있었어요. 또 떡과 재료를 볶은 후에 찌는 방식의 요리도 있었지요. 떡볶이의 '볶이'는 이런 조리 방법 때문에 붙은 말이랍니다.

떡볶이는 어떤 양념을 넣느냐에 따라 변신이 무궁무진해요. 간장을 넣으면 간장떡볶이, 춘장을 넣으면 짜장떡볶이, 카레를 넣으면 카레떡볶이, 매운 양념에 크림소스를 넣으면 로제떡볶이가 될 수 있어요. 떡볶이의 변신은 어디까지 계속될까요?

국민학생 손님들이 떠나고 한숨 돌린 뒤에, 순복 씨는 다시 바빠졌어요.

중고등학생 손님들이 몰려올 시간에 맞춰 미리 연탄을 갈아 줘야 해요.

그래야 연탄불이 활활 타올라 떡볶이를 빨리, 많이 만들 수 있거든요.

"은숙아, 달걀 껍데기 좀 예쁘게 까 줘."

"그건 내가 잘하지!"

"그러게. 은숙이가 까면 반들반들, 엄마가 까면 울퉁불퉁."

✏ 국민학생: 초등학생의 옛말이에요. 1996년, '국민학교'라는 명칭이 '초등학교'로 바뀌면서 국민학생을 초등학생이라고 부르기 시작했어요.

연탄불의 역사

우리나라의 석탄 채취는 일제 강점기 때부터 시작되었어요. 우리나라는 다른 광물에 비해 석탄이 많이 매장되어 있거든요. 해방 이후, 석탄은 우리나라의 주요 산업으로 성장했어요. 도시화가 진행되면서 나무를 때서 난방하거나 요리하기가 어려워지자, 난방과 조리를 동시에 해결할 수 있는 석탄을 쓰기 시작한 거예요.

'구공탄'이 보급되면서부터는 겨울 전에 연탄을 들여놓는 일이 매우 중요해졌지요. 미리 연탄을 몇백 장씩 들여놓는 집도 있었지만, 형편이 어려운 집은 매일 한두 장씩 연탄을 사 오기도 했어요. 연탄은 저렴한 데다가, 한번 불이 붙으면 여섯 시간은 지속되어서 난방도, 음식 조리도 해결할 수 있었어요.

또 연탄불은 길에서 장사를 하는 사람들에게는 음식의 온기를 유지해 줄 뿐만 아니라 몸도 따뜻하게 녹여 주었어요. 떡볶이를 팔 때는 떡볶이 판을 연탄불 위에 얹어 설설 끓여 팔았답니다.

그 뒤로 떡볶이집에서는 '가스 가게'에서 엘피지 가스를 배달해 썼어요. 엘피지 가스통 하나는 20킬로그램이니 용량이 매우 컸지요. 가스를 쓰기 시작한 뒤부터는 연탄불을 꺼뜨릴까 마음을 졸이지 않아도 되었어요. 또 무엇보다 불 조절이 매우 쉬워졌고요.

휴대용 가스레인지가 보급되면서부터는 즉석떡볶이 가게가 늘어났어요. 즉석떡볶이는 프라이팬에 떡과 양념, 각종 부재료를 얹어 직접 끓여 먹는 요리예요. 지금도 서울의 대표적인 떡볶이 골목인 '신당동 떡볶이 골목'에는 즉석떡볶이 전문점이 많아요. 음식은 재료의 변화뿐 아니라 에너지원의 변화에 따라 함께 변하기도 합니다.

떡볶이의 시작

지금은 가장 흔한 먹거리가 쌀이지만, 1985년 이전까지 우리나라는 쌀이 늘 모자랐어요. 하지만 밀가루는 비교적 흔했지요. 6.25 전쟁이 온 나라를 휩쓸고 간 뒤로 사람들이 굶주릴 때 해외에서 밀가루가 대량으로 들어왔거든요. 그래서 사람들은 한 끼는 밥 대신 밀가루로 만든 값싼 국수나 수제비를 먹곤 했어요.

공업 사회로 전환된 1970년대부터는 집에서 고추장을 담가 먹지 않고 사 먹기 시작했어요. 파는 고추장의 주 원료가 바로 밀가루였지요. 그러다 밀가루로 떡을 만들기 시작했어요. 원래 떡은 쌀이나 찹쌀로 만드는 것이지만, 값이 싼 밀가루로 떡을 만들어 떡볶이를 팔기 시작한 거예요.

오늘날의 떡볶이는 이렇게 '밀떡볶이'와 함께 탄생했어요. 값도 싸고, 배도 부르고, 무엇보다 적은 밑천으로도 여성들이 장사에 나설 수 있게 한 고마운 음식이었지요. 하지만 1980년대 후반에는 쌀이 흔해졌어요. 국민 소득이 올라가면서 밥 말고도 먹거리가 많아지자, 쌀이 남기 시작한 거예요. 그래서 쌀떡볶이 맛집도 많이 늘어났지요. 하지만 정작 떡볶이용 쌀떡에는 주로 수입 쌀을 사용해서, 우리나라 농민들에게는 매우 아쉬운 부분이랍니다.

쌀떡볶이와 밀떡볶이는 뭐가 다를까?

쌀떡볶이를 좋아하는 사람도 있고, 밀떡볶이를 좋아하는 사람도 있어요. 쌀과 밀은 성질이 달라서 조리 시간과 조리 방법, 씹는 맛도 조금 달라요.

쌀떡은 양념이 금방 배어들고 빨리 쫀득해져요. 너무 오래 끓이면 오히려 흐물흐물 풀어져 버릴 수 있지요. 그래서 보통 떡볶이 가게에서는 손님이 주문할 때마다 말랑말랑하게 삶아 놓은 쌀떡을 양념에 묻혀 재빨리 건져 내요. 그런 점에서 쌀떡은 즉석 떡볶이에 잘 어울리지요.

쌀 떡

밀 떡

밀가루에는 빵이나 떡을 더욱 쫄깃쫄깃하게 만드는 글루텐이라는 성분이 들어 있어요. 그래서 밀떡볶이는 양념이 금방 배어들지 않아 양념과 함께 오래 끓여야 해요. 오래 두어도 붇지 않으니, 많은 양을 만들어 놓고 손님이 올 때마다 조금씩 덜어 내 팔기가 좋아 장사에 어울리는 떡볶이예요. 나이가 많은 어른 세대는 어릴 때부터 밀떡볶이를 자주 먹은 기억이 있어, 여전히 밀떡볶이를 좋아하는 사람들이 많답니다.

은숙이는 학교를 마치면 곧장 순복 씨의 포장마차로 달려가요.

순복 씨는 삶은 달걀 껍데기 까기, 떡볶이떡 뜯기를 은숙이의 일로 남겨 두지요.

순복 씨는 일을 돕는 은숙이에게 매일매일 100원씩 용돈을 주었어요.

"자, 정은숙 사원! 오늘 일한 품삯을 지급하겠어요."

순복 씨는 오늘 받은 동전 중에서 가장 깨끗한 동전을 골라 은숙이의 손에 올려 주었어요.

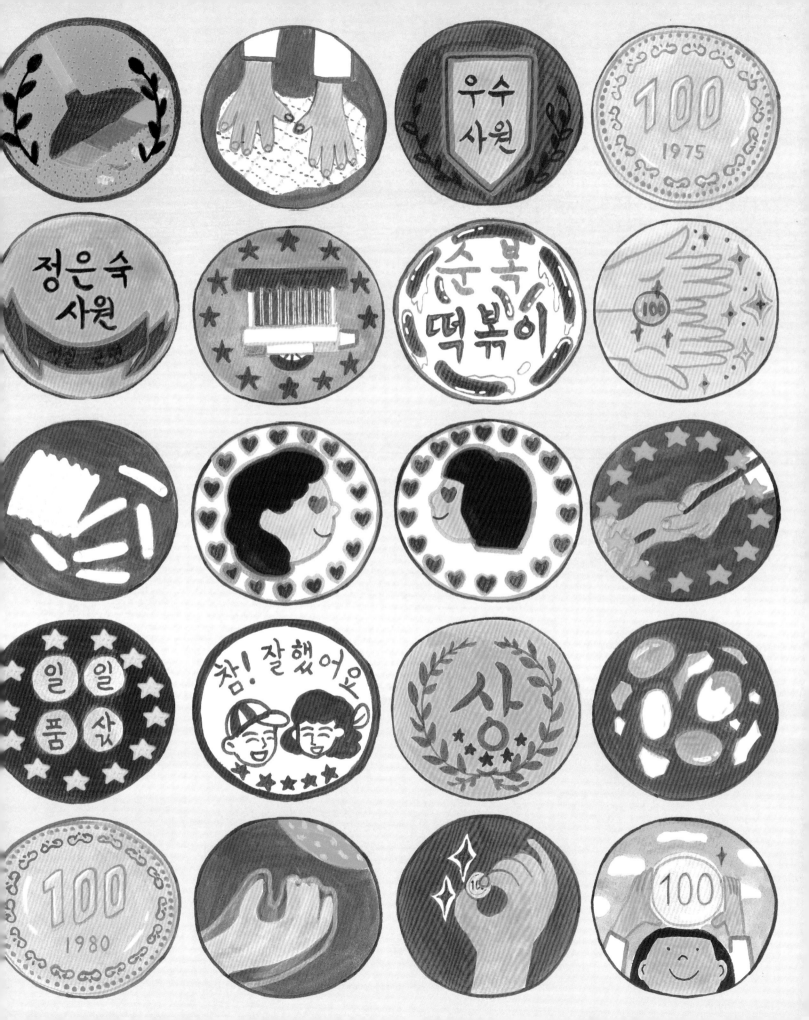

이것저것 넣어 먹는 떡볶이의 맛

음식에는 '원형'이라는 것이 있어요.

프라이드치킨의 원형이 닭을 기름에 튀긴 음식이라면, 떡볶이의 원형은 떡을 양념에 졸인 음식이에요.

1970년대에 어묵은 저렴한 식재료 중 하나였어요.
그래서 어묵볶음은 도시락 반찬으로도 인기가 많았지요.
초창기 떡볶이는 떡과 어묵 정도만 넣고 만들었지만,
점점 더 떡볶이에 넣어 먹는 식재료가
다양해졌어요.

간장, 춘장 등 다양한 떡볶이
양념이 있지만, 떡볶이의 대표적인 양념은 역시
고추장이에요. 여기에 여러 가지 재료를 함께
넣어 만들기 시작했지요.

간장

짜장소스

고추장

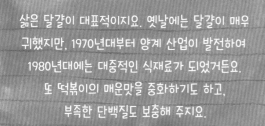

삶은 달걀이 대표적이지요. 옛날에는 달걀이 매우
귀했지만, 1970년대부터 양계 산업이 발전하여
1980년대에는 대중적인 식재료가 되었거든요.
또 떡볶이의 매운맛을 중화하기도 하고,
부족한 단백질도 보충해 주지요.

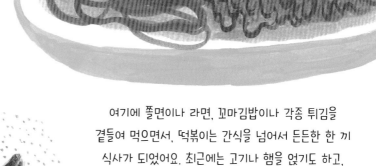

여기에 쫄면이나 라면, 꼬마김밥이나 각종 튀김을
곁들여 먹으면서, 떡볶이는 간식을 넘어서 든든한 한 끼
식사가 되었어요. 최근에는 고기나 햄을 얹기도 하고,
모차렐라 치즈나 크림소스를 넣어 먹기도 한답니다.

또 '야끼만두'라고도 하는 튀김만두도 곁들여 먹기 시작했어요.
'야키'는 '구움'이라는 뜻의 일본 말이에요.
일제 강점기를 거치면서 우리말에 남은 일본 말의 흔적이지요.

떡볶이용 만두의 특징

'겉 먹자는 송편, 속 먹자는 만두.'라는 말이 있어요. 송편은 쌀가루
의 쫄깃쫄깃함을 즐기는 음식이어서 소보다 떡이 중요해요. 그래서
떡은 두껍게 만들고, 소는 적게 넣어요. 하지만 만두는 그와 반대
로 만두소가 더 중요해요. 그래서 얇은 만두피에 속 재료를 꽉꽉
채워 넣어야 한답니다.

여기에도 예외가 있으니, 떡볶이 국물에 적셔 먹는 튀김만두는
바삭바삭한 식감이 중요해요. 그래서 얇은 만두피에 만두소를 아주
조금 넣고 바싹 튀기기도 하고, 아예 만두피만 반을 접어서 튀기기도 해요.

'5! 4! 3! 2! 1!'

은숙이가 속으로 숫자를 거꾸로 세자,

여학생 다섯 명이 소리치며 포장마차 안으로 쏙 들어왔어요.

"아주머니! 저희 골고루 다섯 개요!"

순복 씨네 최고 단골손님, 오공주였어요.

떡볶이는 왜 여자들의 음식일까?

1990년대까지만 해도 중고등학교는 남학교, 여학교로 구분된 경우가 많았어요. 그래서 국민학생 때는 친하게 지냈어도 중학교에 올라가면서 서로 어색해지곤 했지요. 게다가 떡볶이 가게는 유독 여학교 앞에 많이 자리 잡고 있었고, 여학생들이 몰려 있는 경우가 많았어요. 여학생들이 잔뜩 모여 있는 곳에 남학생들이 와서 떡볶이를 사 먹는 일은 조금 부끄러울 수도 있던 시절이지요.

여자아이보다 남자아이를 더 중요하게 여기는 남아 선호 사상이 팽배하던 1990년대 초반까지, 딸보다 아들에게 용돈을 조금 더 주는 부모도 있었어요. 그래서 아들들은 라면이나 짜장면을 사 먹을 수도 있었지만, 딸들은 저렴한 떡볶이를 즐겨 먹었답니다.

공장 주변의 풍경도 비슷했어요. 주로 여성 노동자들이 일하는 섬유나 전자 제품 공장 지대에는 떡볶이를 파는 포장마차가 많았다고 해요. 같은 공장에서 일해도 여성 노동자는 남성 노동자보다 임금을 더 적게 받았으니 주머니가 더욱 가벼울 수밖에 없었지요. 또 술을 마시는 일에 자유로웠던 남성들은 술안주로 여러 음식을 맛볼 수도 있었지만, 여성들에게는 어려운 일이었어요. 여성들은 피로와 스트레스가 쌓일 때면 맵고 짜고 단 떡볶이를 나눠 먹으면서 서로를 위로하였답니다.

"나는 매일매일 떡볶이만 먹으라고 해도 먹을 수 있을 것 같아."

여학생 손님들의 떡볶이 사랑은 대단했어요.

떡볶이를 먹는 방법도 제각각이지요.

"달걀은 이렇게 으깨서 비벼 먹어야 제맛이라고!"

"으깨 먹든 잘라 먹든 떡볶이는 다 맛있어!"

위로의 음식, 떡볶이

사람마다 힘들거나 답답할 때 먹으면 마음이 편안해지는 음식이 있어요. 이런 음식을 컴포트 푸드(comfort food), 즉 위로 음식이라고 하지요. 몇 년 전 코로나19가 오랫동안 유행하면서 사람들의 우울한 마음도 깊어졌을 때 이루어진 온라인 설문 조사에서는, 한국인에게 위로를 주는 음식 중 1위로 떡볶이가 꼽혔답니다.

스트레스가 많은 사회에서는 자극적인 음식이 유행한다고 해요. 최근 유행하는 떡볶이 중에는 먹기 어려울 정도로 아주 매운 떡볶이도 있어요. 매운 음식을 먹으면 체온이 올라가고, 이를 조절하기 위해 몸에서는 땀과 눈물을 배출해요. 그래서 울고 싶을 때 먹는 음식이 매운 떡볶이기도 하지요. 하지만 먹다 보면 적응되고, 또 계속 매운맛이 생각나기도 해요. 이렇게 기분을 풀고 싶을 때, 위로받고 싶을 때, 매운 떡볶이를 찾게 되는 거예요. 특히 어릴 때부터 학교 앞 분식점에서 떡볶이를 사 먹어 왔던 여성들에게 떡볶이는 위로의 음식이 분명하답니다.

여학생 손님들이 돌아가자, 남학생 손님들이 포장마차 안으로 쏙 들어왔어요.

"여기 골고루 두 개에 달걀, 만두 추가요!"

은숙이가 엄마에게 소곤소곤 물었어요.

"엄마, 왜 오빠들은 언니들 없을 때만 들어와?"

"글쎄, 여학생들하고 마주치기 부끄러워서 그런가?"

왜 떡볶이 아주머니는 익숙하고, 떡볶이 아저씨는 어색할까?

'떡볶이 아주머니'는 익숙해도 '떡볶이 아저씨'라는 말은 어색하다고요? 그건 아마도 '떡볶이 장사'를 주로 여성들이 해 왔기 때문일 거예요.

1980년대, 순복 씨처럼 떡볶이를 만들어서 파는 사람 중 대부분은 농촌에서 대도시로 올라온 여성들이었어요. 번듯한 가게를 차릴 밑천은 부족했지만, 음식 만드는 일에는 자신 있던 여성들에게 떡볶이 장사는 딱 알맞은 일이었어요. 대량 생산되는 떡볶이떡과 어묵 같은 식재료들이 비교적 저렴했으니까요. 하지만 더운 여름에는 뜨거운 불 앞에서 조리하고, 추운 겨울에는 찬물에 손을 담그며 장사하는 일은 참 고된 노동이었지요. 그래도 고생해서 번 돈으로 가정을 꾸리고 번듯한 가게를 얻었던 여성들에게, 떡볶이는 자립의 기반을 만들어 준 고마운 음식이에요. 가난했던 시절, 어떤 여성들은 떡볶이로 일어섰고, 어떤 여성들은 매운 떡볶이를 먹으며 더 나은 내일을 다짐했어요.

"은숙 엄마! 나 연탄불 좀 빌려줘."

순복 씨는 화덕에서 불이 빨갛게 붙은 연탄을 꺼냈어요.

건너편에서 포장마차를 하는 파주 아주머니는

순복 씨가 내준 연탄을 들고 후다닥 뛰어갔어요.

그리고 잠시 뒤에 음료수 한 병을 들고 돌아왔지요.

"점점 더워져서 그런가? 떡볶이가 덜 팔리네. 빙수 기계를 들여놓을까?"

"아휴, 그거 있으면 사람 손 하나가 더 필요하대."

순복 씨와 파주 아주머니는 성큼성큼 다가오는 여름을 걱정했어요.

"은숙 엄마, 나 오뎅* 두 봉지만 빌려줘."

그때 옆집 포장마차 아주머니가 들어왔어요.

"오늘 장사가 잘됐나 보네. 오뎅이 다 떨어지고."

순복 씨도 급할 때는 다른 가게에서 재료를 빌리곤 해요.

떡볶이 골목의 아주머니들은 서로서로 사정을 봐주며 장사를 이어 나갔어요.

그래도 딱 한 가지, 떡볶이 양념장만은 서로 빌리지 않는 것이 원칙이었어요.

✎ 오뎅: 어묵을 뜻하는 일본 말이에요. 예전에는 어묵 대신 오뎅이라는 말을 많이 썼어요.

복 떡볶이 복

정♡떡볶이

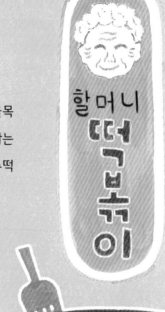

할머니 떡볶이

떡볶이 양념장의 비밀을 찾아라!

서울 중랑구 망우동에는 '망우리 떡볶이 골목'이라는 이름의 골목이 있을 정도로 떡볶이 가게가 많아요. 망우리 떡볶이 골목에서 파는 떡볶이는 양념이 세지는 않지만, 후추를 많이 넣고 만들어서 '후추떡볶이'라고도 불리지요.

그런가 하면 대구에서 파는 떡볶이는 양념이 무척 강해요. 고추장뿐만 아니라 고운 고춧가루도 함께 넣어 매운맛이 아주 강한 게 특징이에요. 이렇게 떡볶이는 지역마다, 가게마다 모두 맛이 조금씩 다르답니다.

그런데 집에서 떡볶이를 해 먹으면 사 먹는 떡볶이 맛이 나지 않을 때가 많아요. 그건 바로 고추장의 차이 때문이에요. 식품 회사에서 판매하는 고추장에는 감칠맛을 돋우는 식품 첨가물과 음식에 윤기를 더해 주는 물엿이 많이 들어 있어요. 그러니 아무래도 집에서 만드는 떡볶이와 사 먹는 떡볶이의 맛이 다를 수밖에 없지요.

♥맛♥ 떡볶이

건강한 죽석 떡볶이

별★특★한 떡볶이

핫 핫 떡볶이

신전떡볶이

저녁 여덟 시, 손님들이 모두 떠나고

순복 씨는 남은 떡볶이를 비닐봉지에 담았어요.

"엄마, 오늘 저녁에도 떡볶이 먹으려고?"

"원래 마지막 떡볶이가 가장 맛있는 거야."

순복 씨는 팔고 남은 떡볶이를 버릴 수가 없었어요.

남은 떡볶이는 집에 가져가서 물을 조금 넣고 다시 끓여 저녁으로 먹곤 했지요.

그렇게 하루 장사를 마친 순복 씨와 은숙이는 집으로 향했어요.

다음 날 아침, 안집 주인아주머니가 순복 씨를 불렀어요.

"은숙 엄마, 전화 좀 받아 봐요!"

순복 씨가 전화를 받자, 전화기 너머에서 다급한 목소리가 들렸어요.

"큰일 났어. 빨리 와! 단속반이 떴어."

순복 씨가 급하게 집을 뛰쳐나가며 말했어요.

"은숙아! 학교 조심히 가고, 오늘은 절대 포장마차에 오지 마! 꼭!"

그날 오후, 학교를 마친 은숙이는 떡볶이 골목으로 뛰어갔어요.

순복 씨와 떡볶이 골목 아주머니들이 포장마차에 매달려 있었어요.

"아저씨, 왜 그래요! 우리 엄마 거예요. 가져가지 마요!"

은숙이가 있는 힘껏 소리치자, 순복 씨가 은숙이의 어깨를 붙들었어요.

"은숙아, 괜찮아. 저 아저씨들도 일하는 거야."

아주머니들이 모두 힘을 합쳐 서로 손을 잡고 아저씨들을 막아섰어요.

"아니, 왜들 이래?"

아저씨들이 아주머니들을 밀치며 기어이 포장마차를 끌고 가 버렸어요.

"울지 말자! 우린 부끄러울 거 없다. 자, 얼른 정리하자!"

아저씨들이 돌아가자, 순복 씨가 아주머니들에게 외쳤어요.

순복 씨와 아주머니들은 힘을 합쳐 부서진 의자와

널브러진 그릇들을 정리했어요.

노점상 이야기

'노점(露店)'은 한자 뜻을 풀어 보면 '이슬을 맞는 가게', 즉 '겉으로 드러난 가게'라는 뜻이에요. 그러니까 건물 안이 아니라 거리에 열린 가게를 말해요.

장사를 하려면 공간이 필요한데, 어떤 건물의 공간을 돈 내고 빌려 쓰는 것을 '임차'라고 해요. 하지만 노점상은 길에서 장사를 하기 때문에 임차비를 내지 않아요. 길에서 허락을 받지 않고 장사를 하면서 시민들의 통행에 불편을 준다는 이유로 종종 '노점 단속'을 받기도 하지요.

우리나라는 무척 가난한 나라였어요. 일제 강점기와 전쟁을 겪으면서 산업 시설은 파괴되고 먹고 살 일이 막막할 때, 많은 이가 노점으로, 또는 이리저리 돌아다니며 물건을 파는 행상으로 생계를 이었어요. 여름엔 무더운 날씨에, 겨울엔 뼈가 시릴 만큼 추운 날씨에 거리에서 장사를 하기란 매우 고생스러웠지만, 노점상들에게는 유일한 생계 수단이기도 했어요.

물론 노점상들에게 모두 안타까운 사연만 있는 것은 아니에요. 사람들이 많이 오가는 거리에서 노점을 독점적으로 운영하면서 횡포를 부리는 노점상도 있으니까요. 한때는 위생 관리가 큰 문제가 되기도 했지요.

하지만 노점이 없다면 전통 시장은 정말 재미없을 거예요. 지역마다 길거리에서 무엇을 사고파는지 구경하는 재미도 없어지겠지요. 그래서 지자체에서는 노점을 직접 관리해서 상인들과 상생할 수 있는 방법을 찾고 있어요. 노점이 있어야 시장도 활성화되고, 시장에 방문객도 많아질 테니까요. 노점상들은 벌금이 아니라 세금을 내고 장사를 하고 싶다고 말해요. 비록 가게를 얻을 돈은 없지만, 길에서 장사를 하는 대신에 세금을 내는 방법을 고민해 달라고 요구하고 있어요.

은숙 씨가 떡볶이를 끓이고 있는데, 옆집 떡볶이 가게 사장님이 찾아왔어요.

"정 사장, 튀김만두 백 개만 좀 빌려줘. 만둣집 사장님이 오늘 병원 갔대."

"네, 양 사장님. 이자로는 그 집 양념장 한 통 주세요!"

"어림도 없지. 우리 집 비법을 훔쳐 가려고?"

조용히 떡을 뜯고 있던 백발의 순복 씨가 방긋 웃었어요.

"엄마, 간이 맞는지 한번 맛봐 줘!"

"이젠 은숙이가 엄마보다 훨씬 더 맛있게 하는걸, 뭐."

"그래도 우리 순복 씨 떡볶이 먹으려고 손님들이 온다잖아. 나는 아직 멀었어."

'5! 4! 3! 2! 1!'

은숙 씨가 속으로 숫자를 거꾸로 세었어요.

드르륵! 문이 열리고, 여학생 다섯 명이 쪼르르 들어왔어요.

"이모, 우리 골고루 다섯 개요!"

나만의 떡볶이
만드는 방법

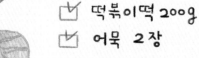

재료

- ☑ 떡볶이떡 200g
- ☑ 어묵 2장
- ☑ 삶은 달걀 2개
- ☑ 양파 ¼개
- ☑ 대파 ½개
- ☑ 양배추 2장

양념장 만들기

- ☑ 고추장 1큰술
- ☑ 고운 고춧가루 1큰술
- ☑ 설탕 1큰술
- ☑ 간장 1큰술
- ☑ 후춧가루 1작은술
- ☑ 물

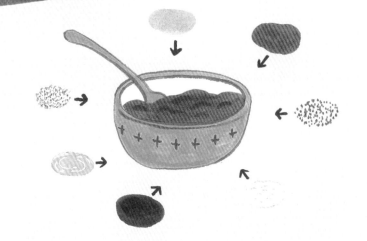

먼저 양념장을 만들어 볼까요?

기본적인 양념장 비율을 알려 줄 테니, 입맛에 맞게 재료를 넣고 빼 보세요. 비밀은 1:1 비율이에요!

고추장 1큰술, 고운 고춧가루 1큰술, 설탕 1큰술, 간장 1큰술, 물엿 1큰술, 후춧가루 1작은술을 잘 섞어요. 따로 넣는 것보다는 함께 섞어서 숙성시키면 맛이 잘 어우러질 거예요.

자, 이제 이 양념장을 기본으로 다양한 변신이 가능해요. 마늘을 좋아한다면 마늘을 다져 넣고, 카레를 좋아한다면 카레 가루를 넣어요. 짜장 라면을 끓여 먹고 남은 짜장 수프를 넣어도 좋아요. 아니면 라면 수프를 넣어도 좋지요.

집에서 먹다 남은 재료를 활용해 과일을 조금 갈아 넣거나, 남은 탄산음료나 식혜를 넣어 만들어도 돼요. 떡볶이는 이렇게 나만의 비법으로 내 마음대로 만들 수 있다는 것이 큰 매력이랍니다!

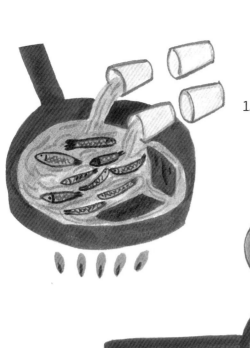

1. 종이컵 기준으로 물 4컵을 끓여요.

   다시마나 멸치가 있다면 함께 끓여 육수를 내도 좋아요.

   국물이 우러나면 다시마와 멸치는 건져 내요.

2. 물이 끓으면 양념을 풀어요.

   이때 좀 더 맵게 만들고 싶다면

   고추장이나 고춧가루를 더 넣어도 좋아요.

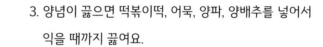

3. 양념이 끓으면 떡볶이떡, 어묵, 양파, 양배추를 넣어서

   익을 때까지 끓여요.

4. 떡볶이떡에 양념이 잘 배어들 때까지 저어 줘요.

   안 그러면 떡이 눌어붙을 수 있거든요.

5. 어느 정도 양념이 졸아붙었을 때

   대파와 삶은 달걀을 넣고 간을 봐요.

   맛이 심심하면 간장과 물엿을 조금 더 넣거나,

   고추장을 조금 더 넣어서 저어 주면 완성이에요!

우리에게 매콤한 위로를 건네는
친구 같은 떡볶이

'떡볶이를 좋아하면 여전히 청춘'이라는 말이 있어요. 나이가 들면 아무래도 소화력이 떨어지고 치아가 약해지면서, 맵고 쫄깃쫄깃한 떡볶이를 먹는 게 부담스러울 수 있거든요. 저도 떡볶이를 좋아하지만, 학생 때보다는 훨씬 덜 먹게 되었어요. 이제는 떡볶이를 즐겨 먹는 사람보다 아이들과 조카를 위해 떡볶이를 즐겨 만드는 사람이 되었지요.

하지만 그래도 어릴 때 친구들을 만나면 종종 떡볶이를 사 먹어요. 학창 시절을 보냈던 중랑구 망우동에는 아직도 오래된 떡볶이집이 남아 있어요. 이제 떡볶이보다 더 비싸고 맛있는 음식을 사 먹을 수 있지만, 여전히 떡볶이를 먹으며 옛 추억을 나눠요. 음식은 맛으로만 먹는 게 아니라 추억으로도 먹는 거니까요. 특히 여성들에게 떡볶이는 속상해서 울고 싶을 때 위로를 건네는 친구 같은 음식이기도 하고요. 아주 매운 떡볶이를 먹으며 펑펑 울면 어느새 마음이 풀린답니다.

순복 씨는 성실하고 씩씩하며 다정한 사람이에요. 농민이었던 순복 씨는 시골을 떠나 도시로 왔어요. 나라에서 농촌보다는 도시의 발전에 더 신경 쓰고, 농업보다는 공업에 더 많이 투자하면서 농민들이 살아가기 힘들었거든요. 그래도 순복 씨는 좌절하지 않았어요. 음식 솜씨를 밑천 삼아 작은 떡볶이 포장마차를 열었고, 성실하고 씩씩하게 살아갔지요. 자꾸만 꺼지는 연탄불이었지만 맛있는 떡볶이를 만들기에 충분했고, 허름한 포장마차였지만 기쁘게 손님들을 맞을 수 있었어요.

떡볶이는 순복 씨가 은숙이를 기르며 당당하게 살아갈 수 있도록 기반을 마련해 준 고마운 음식이었어요. 은숙이는 엄마의 떡볶이 장사를 도우며 100원씩 용돈을 받았는데, 이는 일을 하고 받는 정당한 임금이기도 했어요. 순복 씨는 은숙이에게 노동의 중요성을 알려 주고 싶었던 거예요.

이 세상은 순복 씨와 같이 하루하루를 성실하게 살아가는 보통의 사람들이 움직이고 발전시킵니다. 《떡볶이는 언제나 옳다》는 이렇게 평범하고 멋진 이웃들을 응원하고 싶은 마음에 쓴 책이에요.

떡볶이는 많은 이가 처음으로 만들어 보는 음식 중 하나라고 해요. 음식을 만들 줄 안다는 것은 제 몫을 해내는 당당한 사람으로 우뚝 선다는 뜻일지도 몰라요. 비록 처음에는 서툴고 들쭉날쭉한 맛이어도 언젠가는 자기만의 특별한 떡볶이를 만들 수 있을 거예요. 여러분에게도 머지않아 그날이 오기를 기대하고 응원할게요!

글쓴이 **정은정**